# GLORIEUX PRINTEMPS

*Glorieux printemps, tome 1*

© Éditions Pow Pow. © Sophie Bédard. Tous droits réservés. 2012
Montréal (Québec) Canada

Révision : Judith Langevin et David Rancourt

Dépôt légal – 2e trimestre 2012
Bibliothèque et Archives nationales du Québec
Bibliothèque et Archives Canada
ISBN 978-2-924049-03-7

www.editionspowpow.com

Sophie Bédard

# GLORIEUX PRINTEMPS

Tome 1

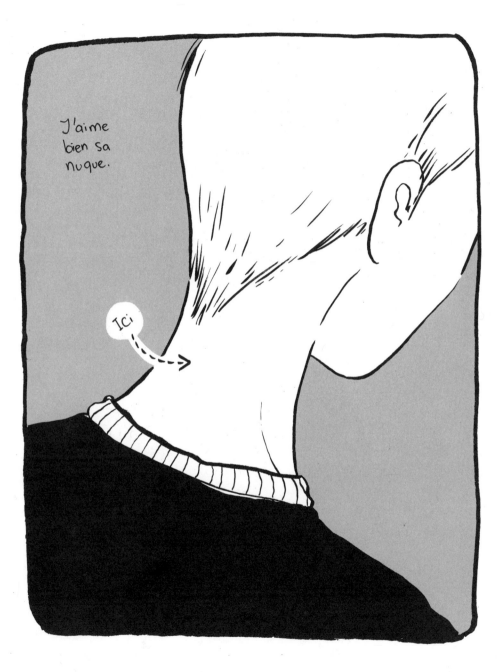

9

Mimi dit n'importe quoi.

Ça me dérange pas vraiment d'être la moins sportive de la polyvalente (ou du "monde").

J'vais faire quoi?

20 cm?

C'est plus le fait qu'il me voie me planter qui me fait suer.

Gnnn.

40

Un des trucs
que je déteste le plus
à mon école,

C'est qu'en
début d'année,
nos professeurs
nous font toujours
asseoir en ordre
alphabétique.

Et que je
me retrouve
toujours
derrière lui.

Toujours
toujours
toujours.

Parce que non
seulement nos
noms de famille
se suivent...

mais en plus,
ça fait quatre ans
qu'il est dans mon
groupe.

Une autre chose
que je déteste,

Donc c'est la
même chose que
chaque année...

Ce sont les
projets
interactifs.

sauf que pour
faire les équipes,
on va faire
un jeu!

Les trois
dernières fois,
j'ai été avec
lui.

Projet
Caraïbes

Projet
futuriste

Expo-
sciences

C'est pas de
la chance,
c'est pas le destin;
c'est de la
maaaarde.

J'ai des cartes
avec moi.

Ha. Ha. Ha.

Pendant
ce temps...

Euhhh... Pis ton âme soeur, là-dedans?
J'ai pas été acceptée...
dans l'équipe de soccer...
C'est le destin... qui essaie de me dire que c'est pas lui le bon...
Je crois que je vais écouter le destin.
Je crois que t'es fucking saoule.
Aussi.
Ohhhh! Ralentis, je vais vomir.

Juste si t'arrêtes de t'agripper après mes seins.
T'as PAS de seins.
Toi.
Ok ! Ok, j'arrête. FREINE, s'il te plaît.
Hein?
J'vais être mala-
BLARGH
Ça va mieux?
Gni.

Ah.

Sa mère.
Elle attendait
que sa fille
rentre...

Mimi a été suspendue deux jours pour avoir tapé sur la gueule de Jérôme.

Le jour d'après, elle n'est pas non plus venue à l'école.

Puis, c'était déjà le temps des vacances de Noël.

Alors elle est partie rejoindre son père...

...en Abitibi.

Sophie Bédard

À suivre